Liebe Leserin, lieber Leser!

Einfach losfilzen – so könnte ich Sie auffordern, es einmal mit dem Trockenfilzen, auch Nadelfilzen genannt, zu versuchen. In dieser Technik können mit wenigen Hilfsmitteln viele kleine, sehr unterschiedliche Dinge gefilzt werden. Ob Sie nun ein Kleidungsstück aufpeppen oder eine Tischdecke individuell gestalten möchten – ein paar Wollflöckchen und die passende Filznadel sowie eine dicke Unterlage und schon können Sie auch einem schlichten Schal die persönliche Note verleihen. Versuchen Sie es doch mal! Sie werden staunen, wie einfach es geht.

Viel Spaß beim Filzen wünscht
Ihre

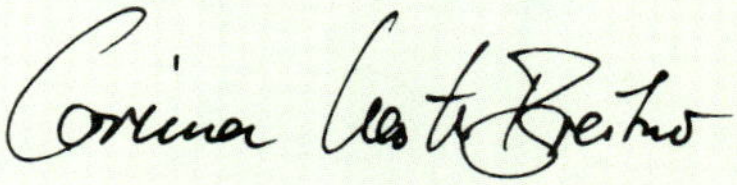

Inhaltsverzeichnis

Kleine Flächen

Große Flächen

Muster auffilzen

Volumen filzen

Große Flächen

Filzen mit Formen

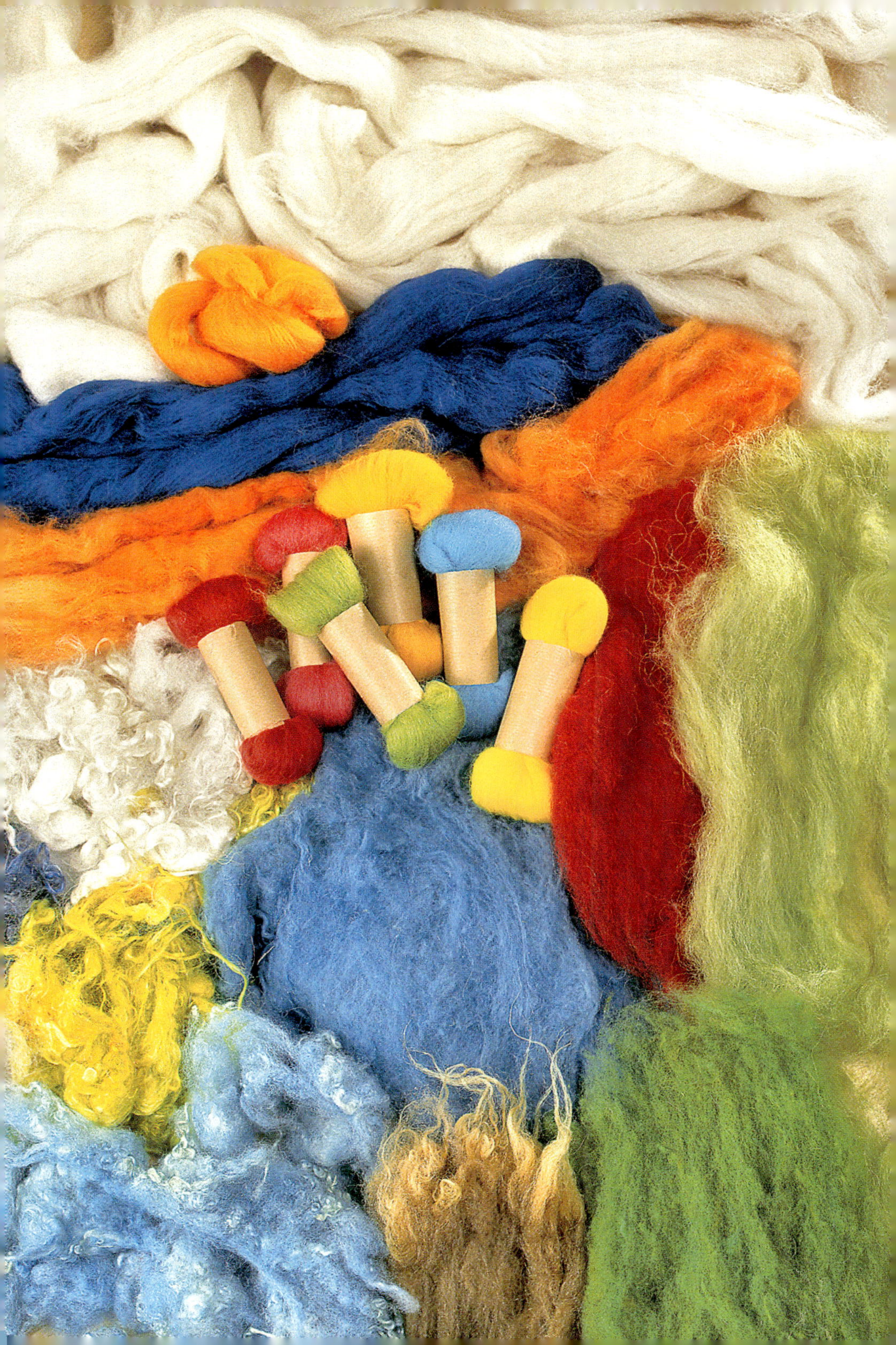

Material und Werkzeug

Grundmaterial

- *Schaumstoffplatte oder Filzmatte*
- *Filznadeln, mittel und fein*
- *Stecknadeln, Schere*
- *Papier und Bleistift*

Arbeitsplatz

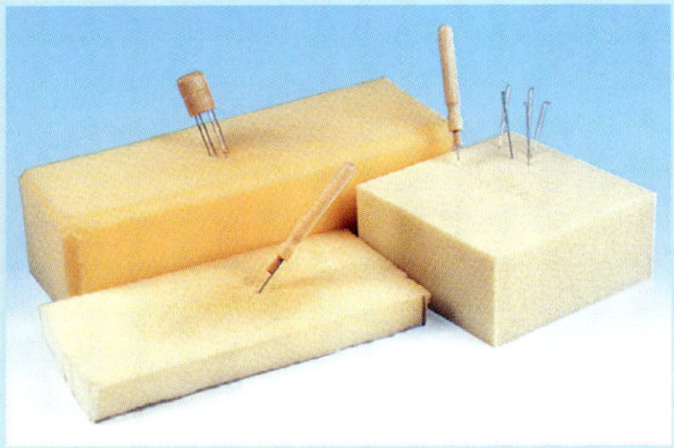

Eine gute Arbeitsunterlage ist eine Schaumstoffplatte mit mindestens 5 cm Stärke oder ein dicker Schwamm. So kann die Filznadel durch das zu filzende Objekt gestochen werden, ohne abzubrechen. Während der Arbeit die Filznadeln in einem Schaumklotz aufbewahren.

Vlieswolle

Vlieswolle ist eine kurzfaserige Wolle, die flächig gekämmt ist. Sie wird in vielen Farben und Qualitäten angeboten. Feinere Wolle kommt von Merinoschafen, gröbere von Land- und Bergschafrassen. Für Objekte wie Schmuck, die direkt auf der Haut getragen werden, feine Wolle verwenden. Vlieswolle eignet sich gut für flächiges Arbeiten und dreidimensionale Objekte.

Kammzug

Kammzug ist langfaserige Vlieswolle (auch bekannt als Wolle am Band), bei der kurze Fasern herausgekämmt wurden. Die Wolle ist sehr glatt und eignet sich gut für Konturen. Wird Kammzug für Flächen oder Objekte benutzt, muss er in kurze Stücke gezupft werden. Dazu die Wolle mit ca. 20 cm Abstand greifen und auseinander ziehen.

Strickwolle

eignet sich nur bedingt zum Filzen. Es ist ratsam, vorher zu prüfen, ob sie faserig genug ist, damit die Filznadel sie mit einem Untergrund wie Stoff oder Filz verbinden kann. Baumwolle ist ungeeignet.

Filznadeln

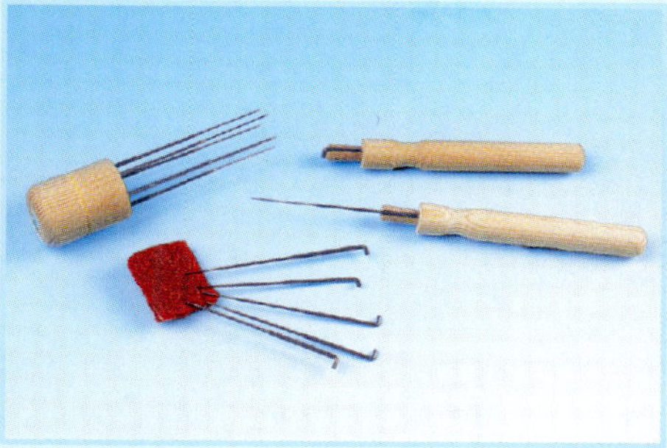

Die Filznadel kommt ursprünglich aus der Industrie und wird in der Nadelfilzproduktion eingesetzt. Sie ist im Arbeitsbereich kantig geschliffen und versetzt quer gekerbt, wodurch Widerhaken entstehen. In diese setzen sich die Wollfasern und werden beim Einstechen nach unten mitgenommen. Durch ständiges Wiederholen des Einstechens verdichtet sich die Wolle zu einem Filz. Je häufiger eingestochen wird, desto fester und dichter wird der Filz. Damit er gleichmäßig aussieht, sollte bei Flächen auch immer von beiden Seiten, bei aufgebauten Stücken rundherum eingestochen werden.

Mit feinen Filznadeln kann sehr filigran gearbeitet werden. Bei nass gefilzten Figuren und Objekten können mit ihnen nachträglich feine Details wie Gesichter oder Ornamente aufgenadelt werden. Mit mittleren Nadeln bekommt der Hund sein Fell oder die Figur Ihre Haare nachträglich aufgefilzt.

Filznadeln werden in den drei Stärken fein, mittel und grob angeboten. Für die meisten Arbeiten eignen sich die mittleren Nadeln. Ist im Buch nichts anderes angegeben, wurden mittlere Nadeln verwendet.

Für Konturen und zarte Muster wird die feine Nadel benutzt. Mit der groben Nadel wird vorgefilzt, wenn große oder dicke Objekte gestaltet werden. Bei großen Flächen ist es sinnvoll, mit einem Mehrfachnadelhalter zu arbeiten, in den z. B. sechs Nadeln eingespannt werden können, was eine Arbeitsersparnis bedeutet. Auch für einzelne Nadeln gibt es Nadelhalter: Die Filznadel liegt dadurch anders in der Hand und der Umgang ist etwas einfacher.

Da die Nadeln sehr empfindlich sind und leicht brechen, ist es sinnvoll, einige vorrätig zu haben. Die Filznadel muss immer senkrecht geführt werden, jedes Verbiegen und Verkanten nimmt sie übel und bricht shließlich ab. Beim Filzen immer die Augen auf die Arbeit richten: Die Nadelspitze kann sehr unangenehm in der Haut sein. Beim Filzen mit Kindern empfiehlt es sich, mit Förmchen zu filzen.

Als Alternative gibt es einen Trockenfilznadelhalter (siehe Abbildung unten) mit fünf Nadeln und Schutzfunktion, dazu passend eine bürstenähnliche Unterlage. Sie eignet sich zum Filzen von Flächen und zum Applizieren. Beim Einstechen in die Unterlage verschwindet das Schutzröhrchen im Nadelhalter. Die Möglichkeit, sich zu stechen, ist dadurch äußerst gering. Da die Unterlage weniger Widerstand beim Einstechen zeigt, geht das Filzen leichter von der Hand.

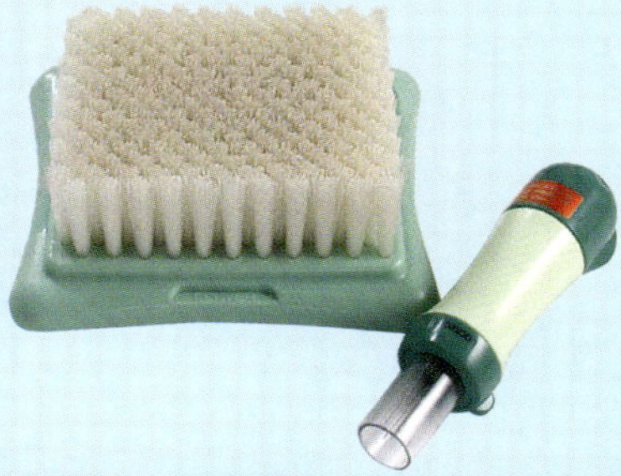

Erste Schritte

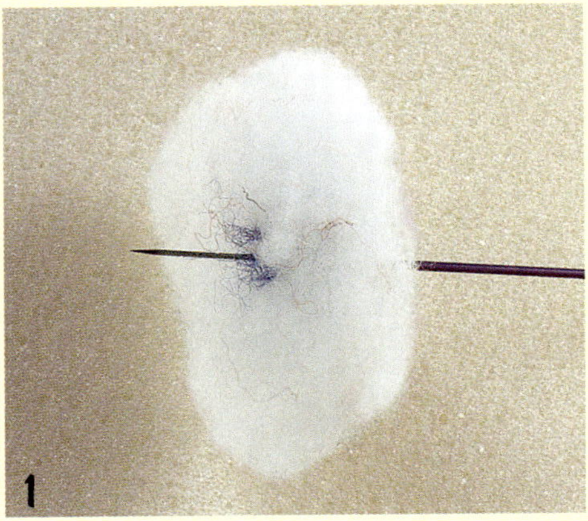
1

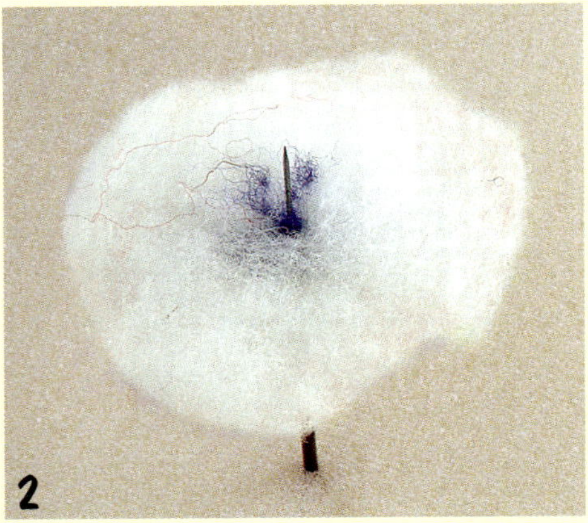
2

3

Material

- *Helle und dunkle Filzwolle*

1. Um zu verstehen, wie die Filznadel funktioniert, ist es sinnvoll, helle mit dunkler Wolle zu verfilzen. Die sehr spitze Stahlnadel ist kantig und hat auf jeder Seite Einkerbungen in verschiedenen Abständen. Diese sind so geformt, dass sie beim Einstechen in Stoff oder Wolle oben liegende, lose Fasern wie Wolle oder ähnliches mit nach unten ziehen.

2. Die Filznadel ist nicht biegsam. Deshalb muss sie immer gerade geführt werden, da sie ansonsten sofort abbricht. Es ist außerdem sinnvoll, auf einer ausreichend dicken Unterlage zu arbeiten, da auch jeder Stoß von unten die Nadel abbrechen lässt. Die Unterlage sollte so dick sein, dass sie dem Arbeitsbereich der Nadel entspricht, also mindestens 5 cm.

3. Nach mehrmaligen Einstechen haben sich die Fasern miteinander verhakt. Das bedeutet, sie sind jetzt miteinander verfilzt. Je öfter der Vorgang wiederholt wird, umso dichter wird der Filz. Damit eine gute Verbindung entsteht, sollte auch von der Rückseite gefilzt werden.
Das Filzobjekt während der Arbeit immer wieder von der Unterlage lösen, da sich die Wollfasern ansonsten zu tief in den Schaum arbeiten. Es kann auch vorkommen, dass sich Schaumstoffteile lösen und sich im Filz festsetzen.

Einfache Blüten

Material

- *Filzwolle (Vlies) in verschiedenen Farben*
- *Blumendraht in Grün*

1. Die einfachste Blüte entsteht, wenn man einen etwa 5 cm großen Kreis aus Filzwolle zwischen den Händen reibt (rote Blüte). Das Filzstück gegen das Licht halten und prüfen, ob es dünne Stellen aufweist. Auf diese ein Flöckchen Wolle legen und verreiben. In die Blütenmitte Wolle in einer Kontrastfarbe legen.

2. Mit der mittleren Filznadel auf der gesamten Fläche der Wolle einstechen. Die Blüte von der Unterlage abziehen und die Rückseite bearbeiten. Danach mit der feinen Nadel die Fläche nochmals komplett verfilzen. Zum Schluss die Blüte zwischen den Händen reiben, damit keine Einstichstellen mehr zu sehen sind. Die Kontur evtl. mit Hilfe einer Schablone in Blütenform schneiden.

3. Bei der zweiten Variante wird die Wolle bereits zu Beginn der Arbeit in Blütenform gelegt: Hierfür einen ca. 8 cm großen Kreis gleichmäßig einschneiden (gelbe Blüte). Die Blütenblätter nacheinander einzeln filzen. In die Mitte Wolle in einer Kontrastfarbe, die zuvor rund geformt wurde, auffilzen. Wie in Schritt 2 beschrieben, die Blüte fertig stellen.
Als Stängel Blumendraht oben zu einer kleinen Schlaufe legen, das lange Drahtende im rechten Winkel umbiegen und die Schlaufe annähen oder mit der Heißklebepistole von unten an die Blüte kleben.

Ein Schmetterling entsteht

1

2

3

Material

- *Filzwolle (Vlies und Kammzug) in verschiedenen Farben*
- *Blumendraht*

1. Die Vlieswolle auf die Größe und grobe Form des Schmetterlings zurechtzupfen und auf die Filzmatte oder eine Schaumstoffunterlage legen. Die Fläche gleichmäßig filzen. Hierfür kann ein Trockenfilznadelhalter benutzt werden, mit dem das Filzen einfacher ist und etwas schneller geht. Ist die Vlieswolle gut verfilzt, den Schmetterling wenden und von der anderen Seite filzen.

2. Flächen immer von beiden Seiten filzen. Wird nicht fest genug gefilzt, bleiben die Flügel nicht stehen und hängen herab. Damit die Konturen nicht zu dünn werden, die Vlieswolle an den Rändern etwas umschlagen und erneut verfilzen.

3. Für den Körper des Schmetterlings jeweils einen Streifen dunkelbraune Wolle mittig auf Vorder- und Rückseite legen und festfilzen. In das überstehende Ende des Wollstreifens einen Knoten für den Kopf schlagen, das Ende teilen und zu Fühlern ausbilden. Alternativ kann für die Fühler auch ein kurzer Draht durch den Kopf geführt und zu Fühlern gebogen werden.

4. Nun das Muster ausarbeiten. Hierfür kleine Wollflöckchen zwischen den Händen zu Kreisen vorfilzen und dann entsprechend auf die Flügel legen. Diese Punkte mit der feinen Nadel auffilzen. Eine dünne Wollsträhne auflegen und ebenfalls anfilzen. Sehr schön sieht diese aus, wenn sie etwas über die Flügel hinausragt.

4

5. Die Flügel nach oben legen und den Körper auch von der Seite mit der Nadel festfilzen. Auf diese Weise wird der Schmetterling plastischer.

5

6. Bei der Ausarbeitung des Schmetterlings kann die Fantasie richtig mit der Wolle spielen. Einfach die Muster nach Wunsch aus Wollsträhnen oder Miniflöckchen Wolle auf die Flügel legen und mit der feinen Filznadel auffilzen.
Aus den Schmetterlingen lässt sich eine schöne Dekoration fertigen, indem sie z. B. mit der Heißklebepistole auf einen festen Blumendraht geklebt und in einen Blumentopf gesteckt werden. Mit einer Broschennadel wird der Schmetterling zum Ansteckschmuck. Schmetterlinge können auch auf die gleiche Art und Weise direkt auf einen Untergrund gefilzt werden.

6

Tipp: *Dem Spiel mit den Farben sind kaum Grenzen gesetzt, zeigen sich doch auch in der Natur die faszinierendsten Schmetterlinge. Von zarten, dezenten Kombinationen bis hin zu schillernden Faltern ist alles vertreten. Beim breit gefächerten Wollangebot fällt die Farbwahl manchmal vielleicht schwer.*

Edle Calla

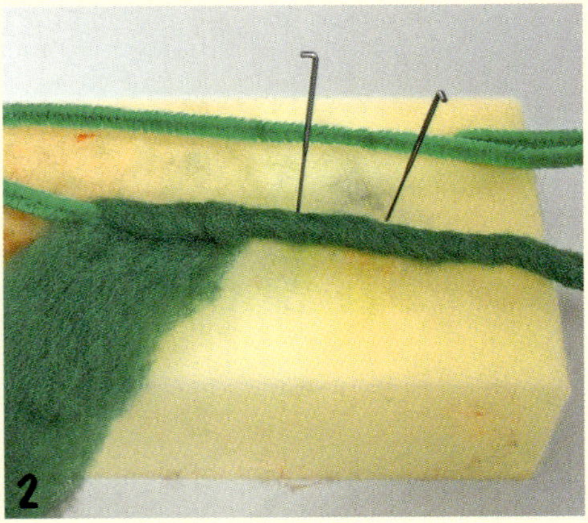

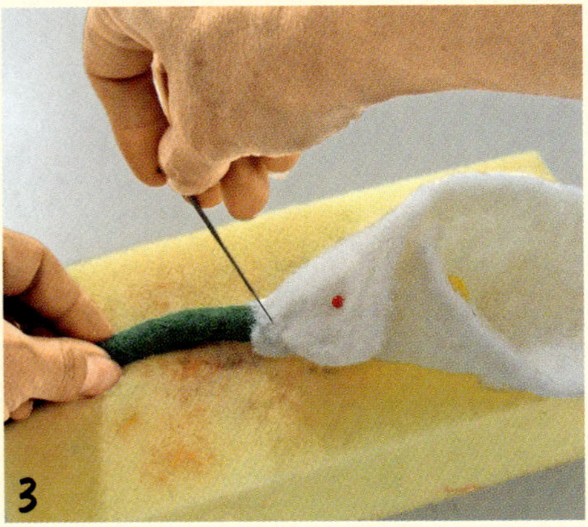

Material

- *Filzwolle (Vlies) in Weiß, Grün und Gelb*
- *50 cm Chenilledraht in Maigrün*

1. Die Vorlage der Callablüte auf Seite 47 abpausen. Aus weißem Vlies zwei dünne Schichten abziehen und übereinander legen. Die Fläche sollte größer als die Vorlage sein. Mit der mittleren Nadel die Fläche von beiden Seiten so fest filzen, dass sie sich nicht mehr verziehen lässt. Nun die Blüte exakt nach Vorlage zuschneiden und die Kanten nachfilzen.

2. Chenilledraht mit grüner Wolle gleichmäßig fest umwickeln, dabei 8 cm frei lassen. Die Wolle vorsichtig mit der feinen Nadel verfilzen, dabei darauf achten, dass die Nadel nicht auf den Draht stößt, da sie sonst abbrechen könnte.

3. Um den freien Chenilledraht gelbe Wolle wickeln, den Draht bis zur grünen Wolle umbiegen und um beide Drähte nochmals gelbe Wolle wickeln und festfilzen. Die weiße Fläche am Gelbansatz um den Draht legen und mit einer Stecknadel fixieren. Eine grüne Wollsträhne um den Blütenansatz wickeln und die Blüte mit der feinen Filznadel mit dem Draht verbinden. Die Blütenöffnung ebenso verfilzen und von oben in den Blütenansatz stechen, bis alles fest verbunden ist. Zum Verbinden mehrerer Teile immer möglichst von allen Seiten filzen.

Rosen duftig gefilzt

1

2

3

Material

- *Filzwolle (Vlies) in Rot und Grün*
- *Wollflöckchen in Rosa und Gelb*
- *Wollsträhne in Dunkelgrün*

1. Für die elf Blütenblätter aus der roten Wolle sechs große Flocken mit ca. 4 x 5 cm und fünf kleinere Flocken mit ca. 3 x 4 cm vorbereiten. Jedes Blatt einzeln auf der Filzmatte oder einer Schaumstoffunterlage filzen, dabei das untere Ende der Blätter ungefilzt lassen. Die ungefilzten Enden werden später zusammengefilzt.

2. Damit die Blätter natürlicher wirken, auf alle elf Blütenblätter kleine, dünne Flöckchen in Rosa und Gelb filzen.

3. Jedes Blatt mit der Nadel nachformen, so dass eine kleine Vertiefung entsteht und der Blütencharakter besser zur Geltung kommt. In dieser Weise alle Blütenblätter vorbereiten, die Blütenblätter gemäß Vorlage auf Seite 47 zuschneiden. Die fertigen Blätter probeweise laut Abbildung lose zur Blüte zusammenlegen und überprüfen, ob genügend Blütenblätter für den äußeren Kranz der Rose vorhanden sind. Bei Bedarf weitere große und kleine Blätter vorbereiten. Die Blütenblätter werden noch nicht miteinander verfilzt.

4. Für die Innenblätter der Rosenblüte je einen Streifen Wolle von ca. 15 x 4 cm und 7 x 3 cm Größe auslegen. Jeweils eine Längsseite der Streifen sehr fest filzen.

5. Den kurzen Streifen aufrollen und mit Stecknadeln fixieren. Den längeren Streifen um diesen blütenförmig anordnen und ebenfalls feststecken.

6. Jetzt die vorbereiteten, einzelnen Blütenblätter zu einer Blüte anordnen, mit Stecknadeln fixieren und mit der Filznadel zusammenfilzen. Die Blüte hierfür auf die Schaumstoffunterlage legen.

Tipps: *Beim Filzen stets darauf achten, dass der Schaumstoff dick genug ist: Er sollte auf keinen Fall dünner als 5 cm sein. Außerdem immer senkrecht und möglichst gerade mit der Filznadel in den Untergrund einstechen, da die Nadel ansonsten sehr leicht abbricht.*
Mit dem unten abgebildeten Filznadelhalter lassen sich Flächen erheblich einfacher filzen als mit einer Filznadel.

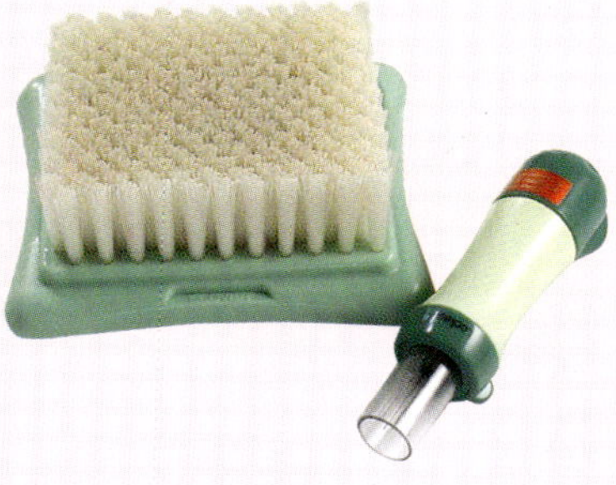

4

5

6

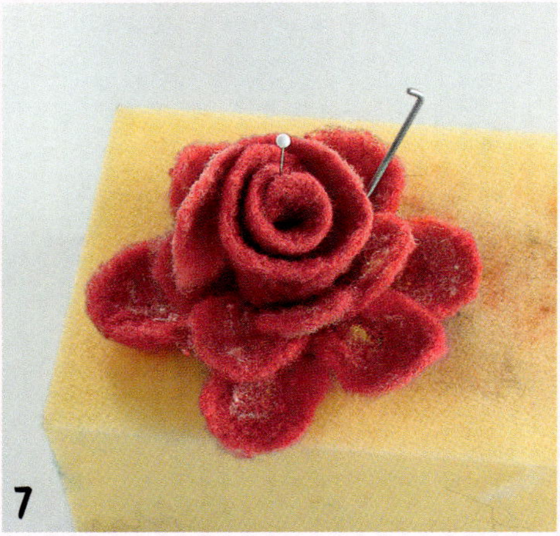

7

8

9

7. Die zusammengerollte Innenblüte auf die Blütenblätter setzen und mit der Filznadel ringsherum anfilzen. Die Blüte umdrehen und von unten filzen. Auf diese Weise die einzelnen Blütenelemente miteinander verfilzen. Vorsichtig prüfen, ob die Blätter alle fest sitzen und gegebenenfalls nacharbeiten.

8. Aus dem dünnen Filz die Blätter gemäß Vorlage auf Seite 47 zuschneiden. Alternativ kann man einen Flächenfilz aus grüner Wolle selbst herstellen (siehe Seite 26) und entsprechend daraus die Blätter zuschneiden. Sehr plastisch werden die Blätter, wenn man sie einzeln filzt, wie bei der gelben Blüte auf Seite 7 beschrieben. Auf jedes Blatt eine dunkelgrüne Wollsträhne als „Blattader" in die Mitte legen und mit der Filznadel anfilzen.

9. Weitere Adern aus sehr dünnen Wollsträhnen auflegen und mit der Filznadel andeuten. Damit die Adern nur leicht angedeutet sind, lediglich einzelne Wollfasern verwenden.

Blütenzauber für Kissen

Material

- *Kissenbezüge aus Walkstoff in Grün*
- *Filzwolle*
  (Vlies) in Pink, Violett, Orange und Gelb,
  (Kammzug) in Dunkelgrün und Rot
- *große Schaumstoffunterlage*
- *Mehrfachnadelhalter*
- *Schneiderkreide oder weicher Bleistift*

1. Für die Blütenformen eine Papierschablone herstellen. Hierfür die Vorlagenzeichnung auf Seite 46 abpausen und entsprechend vergrößern. Das originalgroße Motiv mit Schneiderkreide oder einem weichen Bleistift auf den Kissenbezug übertragen. Werden die Kissenbezüge selbst genäht, diese erst nach dem Filzen der Motive zusammennähen.

2. Den Schaumstoff in den Kissenbezug legen und mit den Blütenblättern beginnen: Einige Flöckchen orangefarbene Wolle in die Mitte des Blattes legen und mit der mittleren Nadel auffilzen. Bei solch einer großen Fläche ist es sinnvoll, mit dem Mehrfachnadelhalter zu arbeiten.

3. Immer von innen nach außen filzen, also neue Wolle außen leicht überlappend ansetzen und auffilzen. Auf diese Weise entstehen weniger Lücken und die Wolle verzieht sich nicht. Sind am Rand nur noch kleine Flächen anzusetzen und muss genauer gefilzt werden, die Einzelnadel verwenden. Die übrigen vier Blätter ebenso filzen.

4. Für die helleren Flächen auf den Blütenblättern ein paar Flöckchen gelbe Wolle auf die vorgesehene Stelle zupfen und mit der feinen Filznadel auffilzen. Die Flächen der Blätter werden auch von der linken Stoffseite gefilzt, um eine schönere Oberfläche zu erzielen. Hierfür den Kissenbezug wenden.

5. Ist die Blüte fertig, wird die farbige Kontur angelegt. Hierfür eine dunkelrote bzw. dunkelgrüne Wollsträhne an den Rand des Blattes legen und mit der feinen Filznadel am Rand entlang auffilzen. Dabei nicht bis zur Spitze des Blattes filzen, sondern vorher die Wolle auslaufen lassen.

6. Mit der dunkelgrünen Wolle wird der Stängel als Kontur gefilzt. Hierfür eine Strähne aus der Wolle herausziehen, entsprechend der vorgezeichneten Linie auf dem Kissen auflegen und mit der feinen Filznadel entlang dieser Linie festfilzen.

Tipp: *Im Arbeitsbereich ist die Filznadel kantig geschliffen und versetzt quer gekerbt. Wird nicht mit ihr gearbeitet, die sehr empfindliche Nadel außer Reichweite von Kindern aufbewahren. Stiche im Finger können sehr schmerzhaft sein.*

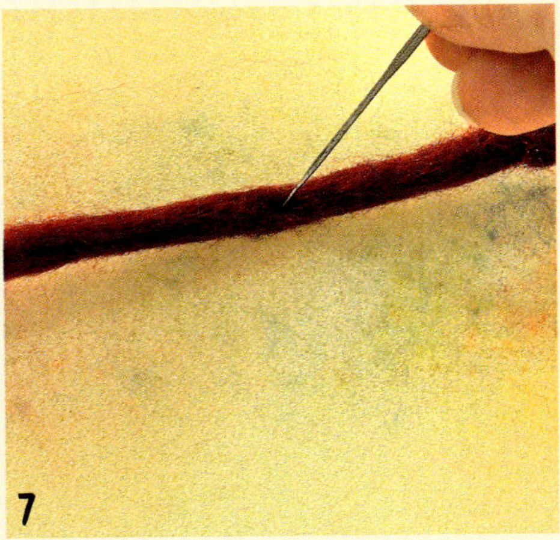

7

8

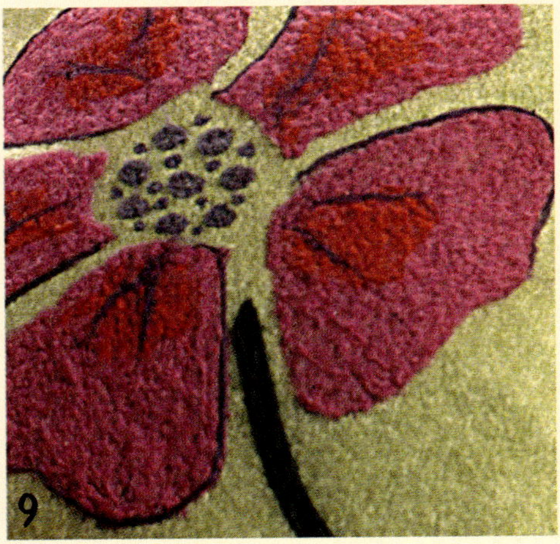

9

7. Jeden Blütenstempel aus einer 15 cm langen roten Wollsträhne zwischen den Händen rollen und dann etwas mit der Filznadel auf der Schaumstoffunterlage anfilzen.

8. An einem Ende einen Knoten in den Blütenstempel schlagen und das andere Ende in die Mitte der Blüte filzen. Zwei weitere Blütenstempel ebenso herstellen und in der Mitte einfilzen.

9. Die andere Blüte wird im Prinzip genauso gefilzt. Beim Übertragen der Schablone in der Mitte genügend Platz lassen (siehe Abbildung) und statt der Blütenstempel verschieden große Punkte auffilzen. In die einzelnen Blütenblätter werden zusätzlich zwei Konturenlinie aus einzelnen Wollsträhnen eingefilzt. Der Stängel wird mit grüner Wolle flächig gefilzt.

Tipp: *Wer keine Kissenhüllen aus Walkstoff findet, näht diese einfach selbst. Stoffe vom Meter gibt es im gut sortierten Fachhandel in einer großen Farbpalette. Die Farben für Kissenhüllen und Blüten passend zum persönlichen Stil wählen. Dabei darf ruhig mit Farbe gespielt werden, denn mit Kissen lassen sich auf einfache Weise modische Akzente setzen. Aber egal, ob die Filzkissen mit ihren eindrucksvollen Blüten in kräftigen Farbkombinationen oder ganz dezent Ton in Ton gestaltet werden, sie werden in jedem Raum zum Blickfang!*

Frühlingshafte Tischdekorationen

Material

- *Fertigfilz in Weiß: 100 x 35 cm für den Läufer; 30 x 6 cm für das breite und 30 x 3,5 cm für das schmale Glasband*
- *Filzwolle (Kammzug) in Grün, Multicolor (verschiedene Grüntöne)*
- *bunte Filzwolle (Vlies) für Blüten*

1. Vor dem Filzen die grüne Wolle auf dem Läufer positionieren: In unregelmäßigen Abständen dünne, unterschiedlich lange Wollsträhnen an den schmalen Seiten des Läufers anlegen, dabei den Anfang zu einer Schlaufe legen, damit die Enden nicht fransig werden (siehe auch Seite 28). Die Streifen mit der Nadel anfilzen, mit einer Hand leicht anspannen und gerade festfilzen.

2. Einzelne Blütenblätter zupfen, mit deren Mitte auf dem Läufer fixieren und dann mit der Filznadel von innen ausgehend anfilzen. Beim Filzen die Blätter formen.

3. Zum Schluss einen Kreis in einer Kontrastfarbe formen und mit der Filznadel in der Mitte der Blüte anfilzen. Für jedes Glasband nach Vorlage (Seite 47) einen Streifen zuschneiden. Dünne grüne Wollsträhnen und kleine Blüten auffilzen, dann das Band um ein Glas legen und die Lasche durch die Schlaufe ziehen. Zum Schluss nach Geschmack einzelne Blumen und Blätter als Streublümchen filzen (Seite 7) und dekorativ auf dem Läufer platzieren.

Für Erinnerungen

Material

- *Fertigfilz in Gelb, 2 mm stark (Maß ergibt sich aus Größe des Buches)*
- *Filzwolle (Vlies) in passenden Farben*
- *Kammzug oder Strickwolle*
- *Buch zum Einschlagen*

1. Für den Bucheinband aus Filz das geschlossene Buch ausmessen und an den Buchvorderkanten 4 cm zugeben. Die Zugaben nach innen umschlagen und an der Ober- und Unterkante des Einbands festnähen. Das Motiv laut Vorlage (Seite 47) übertragen. Dann für die Linien den Anfang der Wolle zu einer Schlaufe legen (siehe Seite 28), damit kein ausgefranstes Ende entsteht. Mit der feinen Nadel am Linienanfang einstechen, die Wolle etwas unter Spannung halten und nach und nach die Linie auffilzen.

2. Für das Tiermotiv braune Wolle in feine Flöckchen zupfen und mit der feinen Filznadel zuerst den Schwanz, dann die Beine und zum Schluss den Körper filzen. Zwischen die Tiere die blauen Quadrate aus kleinen Flöckchen filzen.

3. Die erste Zeile des Schriftzugs mit Bleistift vorzeichnen. Ist diese gefilzt, die zweite Zeile übertragen und filzen. Es wurde dünne Strickwolle verwendet. Wie beim Schreiben den Faden ansetzen, mit der feinen Nadel anfilzen und an der vorgezeichneten Linie entlang weiterfilzen. Dabei den langen Faden mit der zweiten Hand führen und erst abschneiden, wenn der Buchstabenteil fertig ist. Das Ende gut verfilzen, damit keine Fäden abstehen.

Tage
Buch
point 88
fine 0.4

Kuschelige Begleiter

Material

- *Fleece: 20 x 160 cm für den Schal, je ca. 21 x 23 cm für die Stulpen*
- *Wollnadelfilz oder Vlieswolle in Weiß*
- *Trockenfilznadelhalter (siehe Seite 5)*

1. Vor dem Zuschneiden der Stulpen den Umfang der Unterarme ausmessen und anpassen. Durch Ziehen am Stoff die elastische Richtung feststellen: Diese Seite für den Umfang verwenden.
Vlieswolle zur Weiterverarbeitung etwas vorfilzen: Die Vlieswolle sehr dünn, ca. 1–2 mm dick, auslegen und mit der Mehrfachnadel nur so lange filzen, bis eine leichte, dünne Fläche entstanden ist. Den Eiskristall von Seite 46 übertragen und aus dem Nadelfilz bzw. dem vorbereiteten Vlies zuschneiden. Mittig auf das untere Ende des Schals bzw. die Stulpen den Kristall legen und alles auf eine Schaumstoffunterlage platzieren.

2. Mit der Filznadel den Kristall fixieren, dabei in der Mitte beginnen und zu den Spitzen hin arbeiten.

3. Von innen nach außen arbeitend die Vlieswolle bzw. den Filz weiter auf den Stoff nadeln. Immer wieder den Stoff von der Unterlage lösen. Zum Schluss den Eiskristall auch von der Rückseite durch den Stoff filzen, damit sich die Wolle gut mit dem Stoff verbindet und eine schöne Oberfläche entsteht.

Biscuits
NOIR
AU THE EARL GREY

Tasche mit filigranem Ornament

1

2

3

Material

- *Fertigfilz, mindestens 3–4 mm stark: 42 x 30 cm in Weiß sowie 8 x 60 cm und 7 x 30 cm in Schwarz*
- *Acrylgriffe, Ø 130 mm*
- *Filzwolle (Kammzug), 20 cm in Schwarz*
- *Nähnadel und Faden*
- *dicker Zwirn in Schwarz*

1. Nach der Vorlage auf Seite 47 den Taschenkörper zweimal aus weißem Filz zuschneiden. Das Ornament auf Papier kopieren, die Kopie auf den Filz legen und mit Stecknadeln fixieren. Zum Übertragen des Ornaments auf den Filz mit dem Bleistift im Abstand von ca. 1,5 cm das Papier durchstechen und Punkte auf den Filz malen. Die Kreuzungs- und Endpunkte ebenso markieren, dann das Papier entfernen und die Punkte miteinander verbinden.

2. Das Taschenteil auf eine Schaumstoffunterlage legen. Aus dem Kammzug eine dünne Strähne abziehen und an einem Ende eine kleine Schlaufe bilden.

3. Diese Schlaufe um eine Filznadel legen und die Nadel am unteren Ende beginnend in das Muster stechen. Auf diese Weise ergibt sich ein sauberer Abschluss.

4. Die Wolle etwas anspannen und mit einer zweiten Filznadel den Strang auf die vorgezeichnete Linie auffilzen. Das Ende des Wollstrangs ebenfalls zur Schlaufe legen und auffilzen.

5. Ist der erste Strang verarbeitet, den zweiten Strang wiederum mit einer Schlaufe direkt am ersten ansetzen. Ist der Strang für die kleine Ranke zu lang, wird er einfach abgeschnitten. Das Ende des zweiten Strangs ebenfalls zur Schlaufe legen und auffilzen.

6. Anschließend die Ranken des Ornaments in gleicher Weise arbeiten. Die kleinen Blätter werden von außen nach innen gearbeitet.

4

5

6

7

7. Zum Schluss die Kontur der Blüten filzen. Um die Wolle zu fixieren, immer wieder eine zweite Filznadel als Hilfsmittel verwenden. Einen Wollstrang zur Schlaufe um eine Filznadel legen und die Nadel auf der Konturenlinie fixieren. Die Wolle etwas anspannen und mit einer zweiten Filznadel auffilzen.

8

8. Es arbeitet sich leichter, wenn die Wolle an den Konturen fixiert wird. Am Besten immer ein Stück Kontur fixieren, filzen und dann das nächste Stück fixieren und filzen.

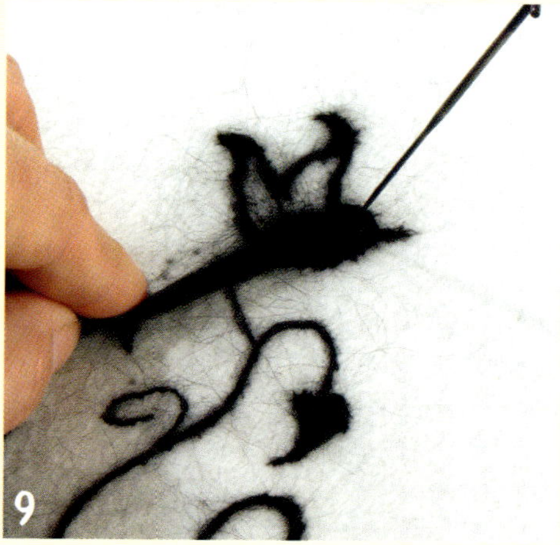
9

9. Ist die Kontur gefilzt, die Fläche ausarbeiten. Dabei die Wolle von außen nach innen einnadeln. Während der Arbeit die Filzfläche immer wieder von der Unterlage abziehen. Bei einem Gebrauchsgegenstand wie einer Handtasche sollte das Muster gut gefilzt sein. Mit der Hand über das Muster streichen, um lose Fasern zu finden. Größere lose Fasern nachfilzen, die feinen vorsichtig abschneiden.

Die Tasche fertig stellen: Das schwarze, 8 x 60 cm große Mittelstück mit Zwirn in einem Zierstich an das Vorder- und Rückenteil nähen. Jeden Griff mit einer 7 x 15 cm großen Filzschlaufe laut Abbildung mittig annähen.

Fliegendes Glücksschweinchen

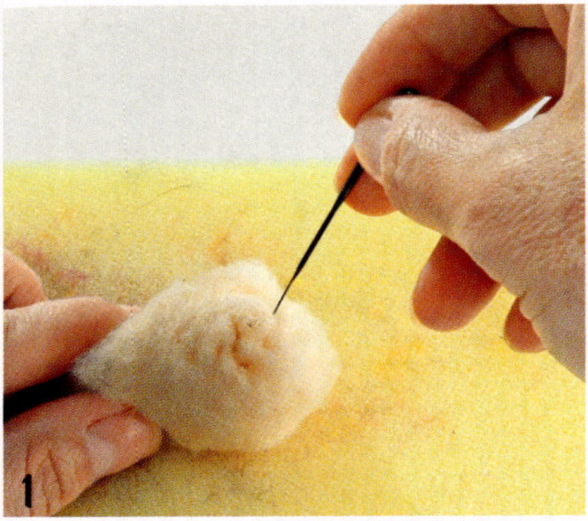

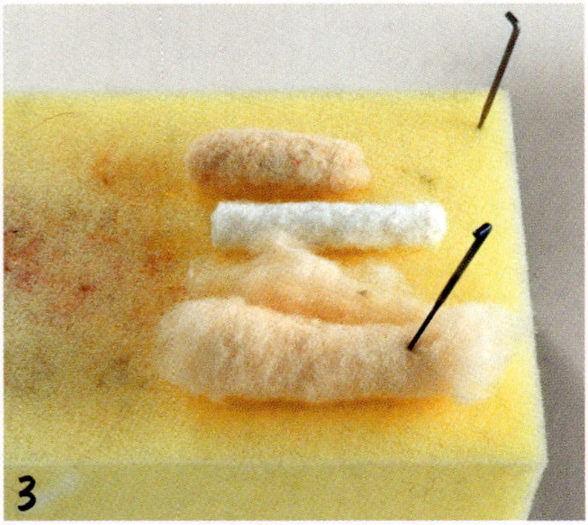

Material

- *Filzwolle (Vlies) in Rosa und Weiß*
- *Wollflöckchen in Grau und Schwarz*
- *lange Nähnadel (Bärennadel oder lange Stopfnadel)*
- *festes Garn (z. B. Zwirn) in Weiß oder Rosa*

1. Für den Körper aus weißer Wolle eine ovale, 8–9 cm lange und 5 cm dicke Rolle bilden. Diese rundum mit zwei Lagen rosa Wolle einpacken und dann alles zusammen fest filzen. Hierzu ist sowohl die mittlere als auch die grobe Nadel gut geeignet. Für eine feinere Oberfläche abschließend eine dünne Schicht rosafarbene Wolle auflegen und mit der feinen Nadel anfilzen.

2. Der Körper sollte jetzt eine Größe von 6–7 cm Länge und 4 cm Dicke haben. Mit zwei bis drei dünnen, aufgefilzten Flöckchen in Grau als Fellmuster wirkt der Körper etwas lebendiger.

3. Für Vorder- und Hinterbeine zwei dünne Rollen aus der weißen Wolle bilden. Die Rolle für die Vorderbeine soll 9 cm und für die Hinterbeine 11 cm lang sein. Beide Rollen nach dem Filzen in der Mitte durchschneiden, so dass jeweils zwei identisch lange Vorder- und Hinterbeine entstanden sind. Alle vier Beine mit rosa Wolle einpacken und filzen.

4. Auf die Vorder- und Hinterbeine ein paar graue Flöckchen auffilzen, dann überprüfen, ob die Vorderbeine 4 cm, die Hinterbeine 5 cm und jeweils gleich lang sind. Zum Verkürzen mit der Filznadel an den Enden mehrmals einstechen. An den Fußenden mit einer feinen Filznadel eine Kerbe als Zehenteilung einfilzen.

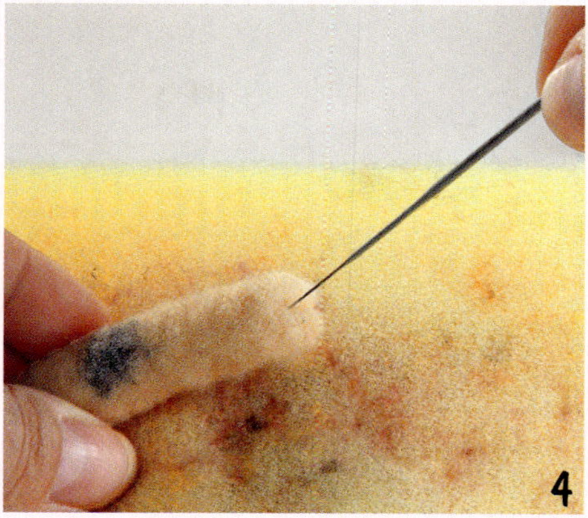
4

5. Für den Kopf eine Kugel aus weißer Wolle formen, filzen und diese mit rosa Wolle einpacken. Für den Rüssel rosa Wolle um den Finger wickeln, abnehmen und direkt auf den Kopf filzen. Damit die Falten entstehen, wird der Rüssel von vorne an den Kopf gedrückt. Entlang der Falten so häufig in diese mit der feinen Nadel einstechen, bis sie als Falten stehen bleiben. Für die Nasenlöcher mit der feinen Filznadel mehrfach in die gleiche Stelle filzen, bis die Vertiefung groß genug ist.

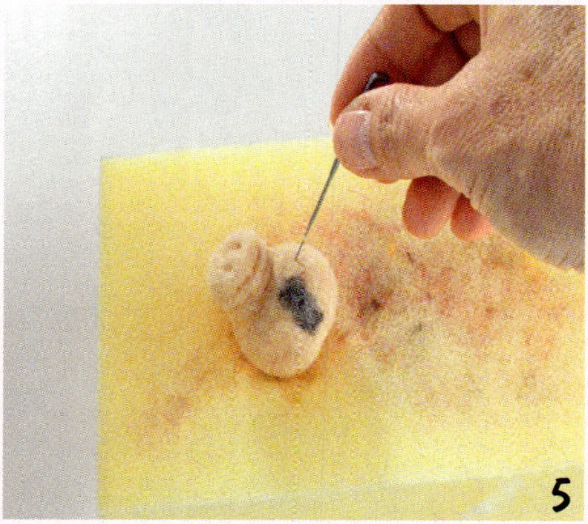
5

6. Laut Vorlage auf Seite 47 für die Ohren eine Schablone herstellen. Eine kleine Fläche rosa Wolle mit grauen Flöckchen auslegen und zu einer festen Fläche filzen. Aus dieser nach Schablone zwei Ohren ausschneiden und am Kopf oben anfilzen. Damit der Übergang nicht sichtbar ist, ein feines Flöckchen rosa Wolle darüber filzen.

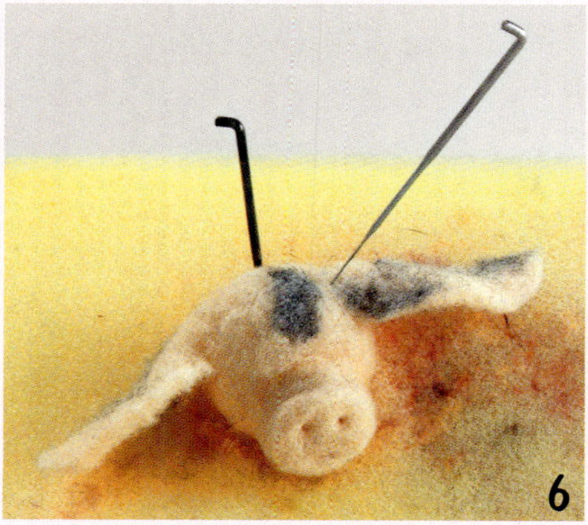
6

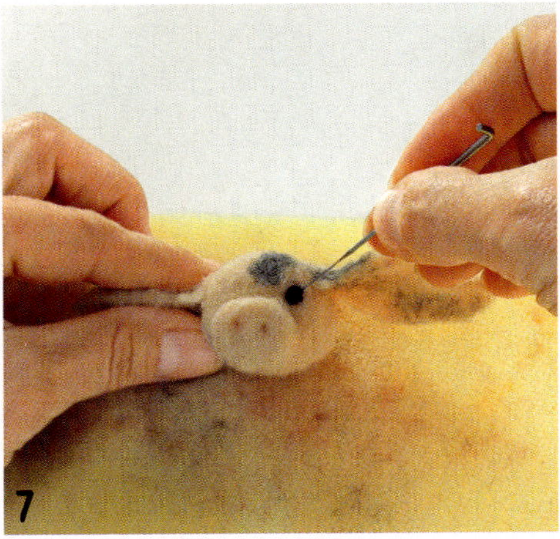
7

8

9

7. Aus schwarzer Wolle zwei stecknadelkopfgroße Kügelchen formen und oberhalb des Rüssel als Augen auffilzen. Als Lichtreflexe in die schwarzen Punkte wenige weiße Wollfasern filzen.

8. Für die Flügel eine 7 x 10 cm große, weiße Fläche filzen. Gemäß Vorlage auf Seite 47 die Flügel aus der Fläche ausschneiden und nochmals nachfilzen. An der gestrichelten Linie mehrfach einstechen, damit ein Flügelcharakter entsteht.

9. Jetzt wird das Schweinchen zusammengenäht. Die Beine seitlich am Körper mit Stecknadel fixieren und prüfen, ob die Höhe stimmt. Das Garn einfädeln und mit der Nähnadel durch ein Bein, den Unterkörper und das zweite Bein und wieder zurück stechen. Die Fadenenden etwas anziehen und miteinander verknoten. Ebenso die Arme am Oberkörper anbringen.
Von oben durch den Kopf ein- und am Halsansatz ausstechen. Nun die Nadel senkrecht durch den Körper und wieder zurück zum Kopf führen. Den Faden am Kopf verknoten und ein paar Wolllocken als Haare darüber filzen.
Am Schluss die Engelsflügel auf den oberen Rücken des Schweinchens filzen. Hierfür mittig in den Flügel mit der mittleren Filznadel immer wieder einstechen, bis die Flügel halten.

Wollige Herzen

1

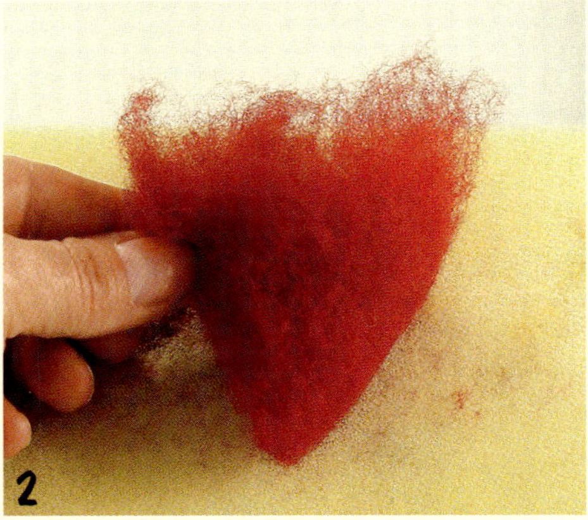

2

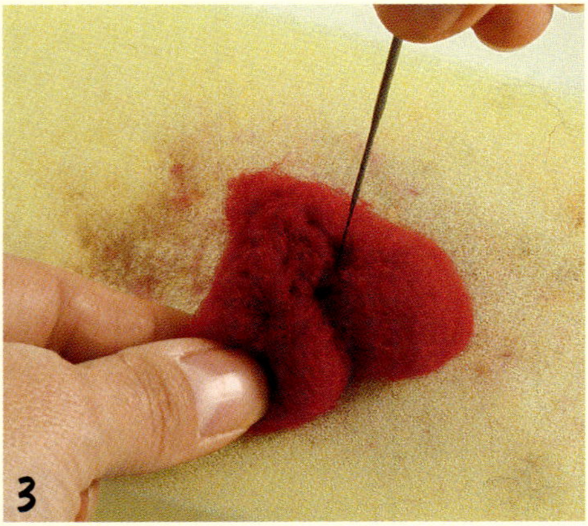

3

Material

- *Filzwolle (Vlies) in Rot*

Herz filzen

1. Von der Vlieswolle einen ca. 12 x 6 cm großen Streifen abziehen und zu einem Dreieck falten: Die linke untere Ecke des Wollstreifens laut Abbildung bis zur oberen Mitte falten, so dass die schmale Seite oben liegt.

2. Die rechte untere Ecke so falten, dass sie ganz links oben liegt. Das so gelegte Dreieck oben mittig für die Herzvertiefung etwa 2 cm einreißen.

3. Alle losen Endfasern zur Mitte hin einschlagen und mit der mittleren Filznadel verfestigen. Damit das Herz nicht zu flach wird, immer rundherum einstechen. Ist es um ein Drittel kleiner, müsste es sich fest anfühlen. Jetzt das Herz mit der feinen Nadel fertig filzen. Für Schmuck oder Schlüsselanhänger sollte die Form immer sehr fest gefilzt sein.

Ring

1. Für den Herzring wird die Ringschiene, auf der später das Herz sitzt, aus einem 12 cm langen Streifen roter Wolle gerollt. Der Streifen soll nach dem Rollen 5 cm dick sein. Mit der feinen Nadel die Rolle sehr fest filzen, dabei aber die Enden nicht filzen. Zum Ansetzen an das Herz die Fasern an den Enden laut Abbildung auffasern und auf der Unterseite des Ringes anfilzen.

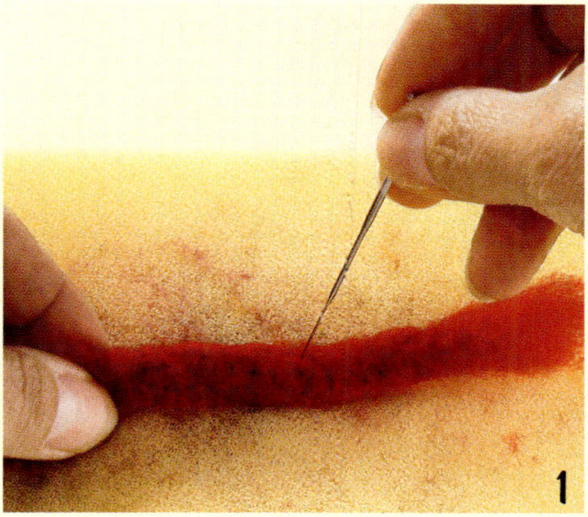

2. Das andere Ende der Ringschiene ebenso anfilzen. Es sollten sich keine dünnen Stellen bilden. Ansonsten auf diese ein Flöckchen Wolle legen und anfilzen.

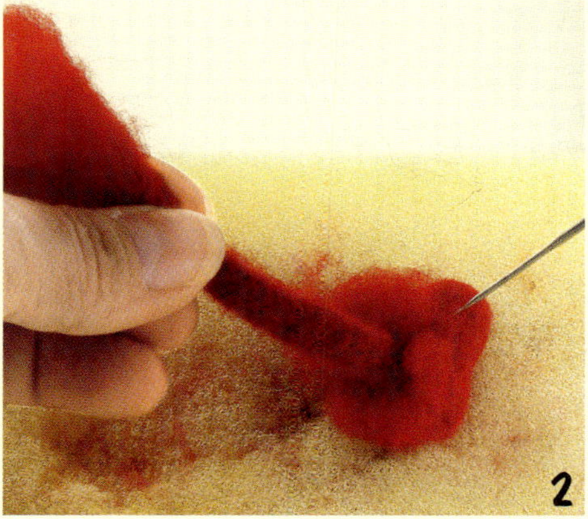

Tipp: *Den Ring besonders fest filzen, da das Schmuckstück beim Tragen stark beansprucht wird. Sehr schön funkeln übrigens Swarovski®-Perlen, die in vielen Größen und Farben erhältlich sind.*

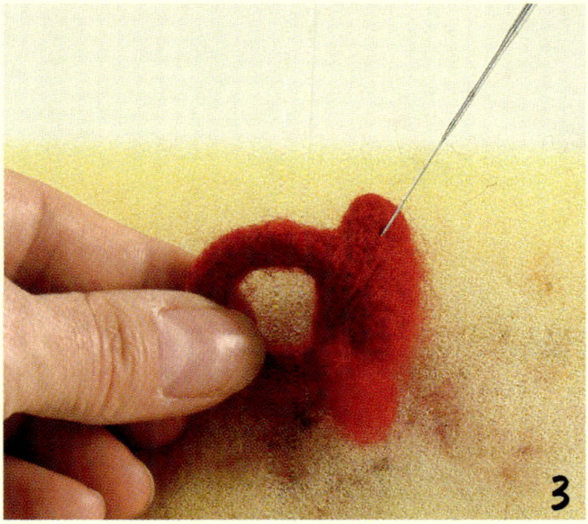

Schmuckstücke mit Herz

Material

- *Filzwolle (Vlies) in Rot*
- *Lederband in Schwarz*
- *Nähnadel und Nähgarn in Rot*
- *Rocailles in verschiedenen Rottöten*
- *Swarovski®-Kristallschliffperlen*
- *Quetschperlen*
- *Stahldraht, kunststoffummantelt*
- *kleiner Karabinerverschluss*
- *Schlüsselring mit Kette*
- *Seitenschneider*
- *Zange*

Herzkette mit Lederband

Für die Herzkette mit Lederband ein rotes Herz nach Anleitung auf Seite 36 filzen. Die Vorderseite mit roten Rocailles besticken. Auf der Rückseite das Lederband parallel liegend annähen: Damit es in der Länge verstellbar ist, die Enden des Lederbandes verknoten und nebeneinander auf das Herz legen. Beide Enden liegen unterhalb der Spitze. Nun mit Garn jeweils einen Tunnel um das Band nähen und mit dem Herz vernähen. Auf diese Weise kann die Position des Herzens verschoben und die Länge der Kette variiert werden.

Herzring

Den Herzring wie auf Seite 37, Schritt 1 und 2 beschrieben filzen und nach Abbildung oder eigenem Geschmack mit Rocailles besticken.

Collier mit Swarovski®-Perlen

Zwei Herzen wie auf Seite 36 beschrieben filzen. Auf den Stahldraht zuerst in unregelmäßiger Farbfolge einige Rocailles auffädeln, dann die Kristallschliffperlen im Wechsel mit einigen Rocailles aufziehen. Da die Kristallschliffperlen sehr schwer sind, ist es besser nur wenige hiervon zu verwenden. Die Herzen laut Abbildung schräg auffädeln und das Collier mit Perlen abschließen. Die Länge überprüfen und den Draht entsprechend kürzen. An jedem Ende eine Quetschperle aufziehen, den Stahldraht zur Schlaufe legen und durch die Quetschperle zurück fädeln, dabei auf einer Seite den Karabinerverschluss in der Schlaufe mitfassen. Die Quetschperlen mit der Zange zusammendrücken.

Schlüsselanhänger

Das Herz gemäß Anleitung auf Seite 36 sehr fest filzen. Stahldraht von der Herzspitze beginnend nach oben zur Einkerbung führen, die Kette des Schlüsselrings auffädeln und den Draht zurückfädeln. Nun den Draht mit einigen Rocailles und einer Kristallschliffperle bestücken. Mit einer Quetschperle abschließen.

Fisch Pauli

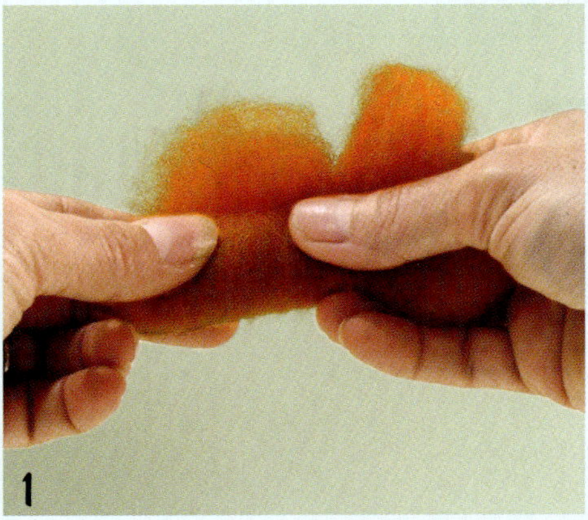

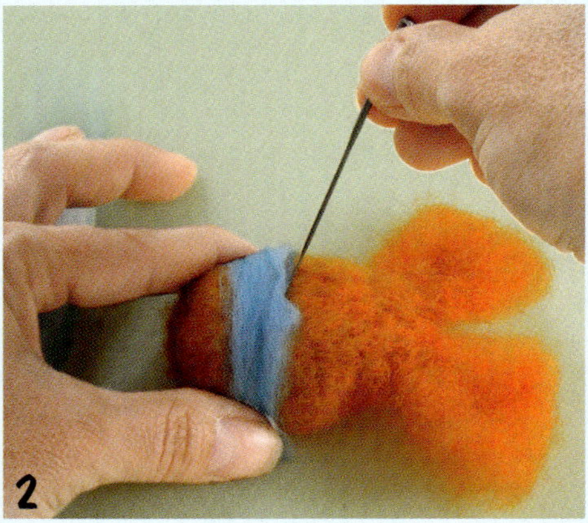

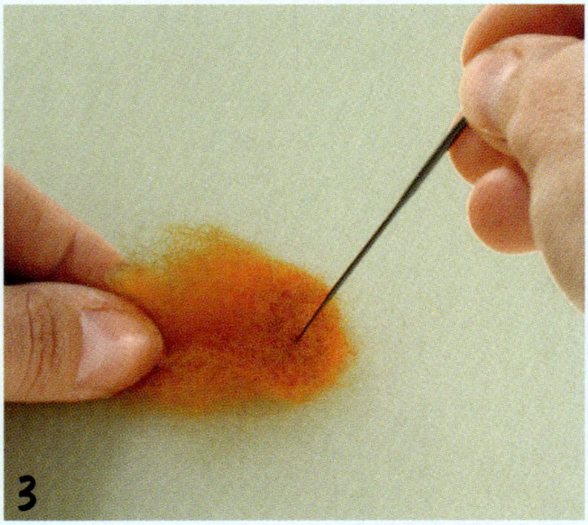

Material

- *Filzwolle (Vlies) in Orange*
- *einige Strähnen Filzwolle in Hellblau*
- *für die Augen je ein Flöckchen Filzwolle in Schwarz, Gelb und Weiß*

1. Einen ca. 20 cm langen Streifen der orangefarbenen Wolle auf die Hälfte falten. An einer schmalen Seite das Ende zu Flossen halbieren. Das andere, vordere Ende mit einem weiteren Wollstreifen für den Körper fest umwickeln.

2. Mit der Filznadel die Wolle fixieren. Ist der Fischkörper zu dünn, noch einige Wollschichten auffilzen und den Körper formen, bis er schön rund ist. Dann eine schmale Strähne blauer Wolle um den vorderen Teil des Körpers wickeln und mit der Filznadel anfilzen.

3. Für die seitlichen Flossen einen schmalen, nicht zu dicken Streifen orangefarbener Wolle falten und das geknickte Ende verfilzen. Am offenen Ende die beiden Wolllagen auseinanderfalten und seitlich am Körper des Fisches anfilzen. Die zweite Flosse auf dieselbe Weise anbringen.

4. Hinter den seitlichen Flossen einen zweiten blauen Streifen oben auf den Körper legen und mit der Filznadel anfilzen. Für den Mund einen kleinen, schmalen Streifen orangefarbener Wolle um die Fingerspitze wickeln, an die Position des Mundes aufsetzen und zunächst anfilzen.

5. In die Mitte eine Vertiefung für die Mundöffnung filzen und am äußeren Rand einen Wulst für die Lippen bilden.

6. Aus der schwarzen Wolle zwei ca. 5 mm große Kügelchen formen, seitlich als Augen positionieren und anfilzen. Für die Augenkontur aus gelber Wolle einen dünnen Streifen um das schwarze Auge legen und anfilzen. Als Lichtreflex ein stecknadelgroßes, weißes Kügelchen auf das schwarze Auge filzen.

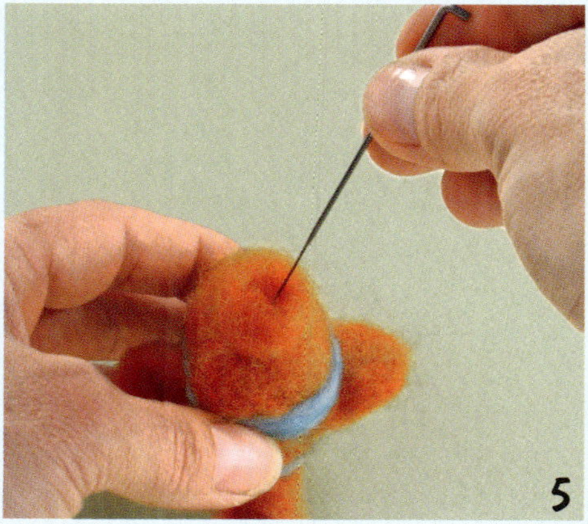

Memo Aquarium

Material

- *Fertigfilz in Dunkelblau, 3–4 mm dick, 50 x 70 cm groß*
- *Fertigfilz in Hellblau, 4 mm dick, 40 x 55 cm groß*
- *Filzwolle (Vlies) in Rot, (Kammzug) in verschiedenen Farben für Seegras und Schrift*
- *Wolle in verschiedenen Farben für Fische und Seesterne*
- *4 Lochösen, Ø 4 mm*

1. Die Vorlagen von Seite 46 übertragen. Auf den hellblauen Filz mit der roten Wolle nach Vorlage eine Koralle direkt auffilzen, siehe Abb. unten und wie auf Seite 22 beschrieben.

2. Aus bunter Wolle wird das Seegras gefertigt. Hierfür einen Wollstrang in mehrere dünne Strähnen aufteilen. Am unteren Ende den Strang zusammen lassen und laut Abbildung auf den blauen Filz legen. Von unten nach oben arbeitend die Wolle auffilzen. Entsprechend weitere feine Wollsträhnen anfilzen, bis das Seegras die gewünschte Wirkung hat.

3. Den Schriftzug laut Vorlage auf den Filz übertragen, dabei wie auf Seite 28 beschrieben arbeiten, und die entsprechende Wolle auffilzen.

4. Zwei Seesterne, in verschiedenen Farben laut Vorlagenzeichnung filzen, wie bei den einfachen Blüten auf Seite 7 beschrieben. Die Wolle muss hierfür dicker ausgelegt werden. Drei Fische nach Anleitung auf Seite 40–41 in verschiedenen Farben filzen.

5. Den hellblauen Filz mittig und mit einem Abstand von 6 cm von der oberen Kante auf den dunkelblauen Filz legen und mit Stecknadeln fixieren. Einen Seestern rechts oben auf die Ecke legen und auf den hell- und dunkelblauen Filz filzen. Auf diese Weise entsteht eine Verbindung zwischen den beiden Filzlagen, ein Nähen oder Kleben ist dabei nicht erforderlich. Auf die andere Ecke einige Strähnen Wolle laut Abbildung legen, darauf einen Fisch positionieren und beides auffilzen.

6. Den zweiten Seestern mittig auf die Seitenkante auffilzen. Gegenüber einen Wollknäuel als Nadelkissen-Seeigel auffilzen und einen weiteren Fisch in das Seegras filzen.

7. In die oberen Ecken rechts und links Lochösen für die Aufhängung anbringen. Am unteren Ende den dunkelblauen Filz etwa 7 cm umschlagen und mit zwei Lochösen befestigen. Zum Schluss auf den Umschlag mittig einen kleinen Fisch zur Befestigung des Rands auffilzen.

Memo
fabel's
CONFETTI
SCHUHE FÜR ANNE !

Schutzengel Gabriel

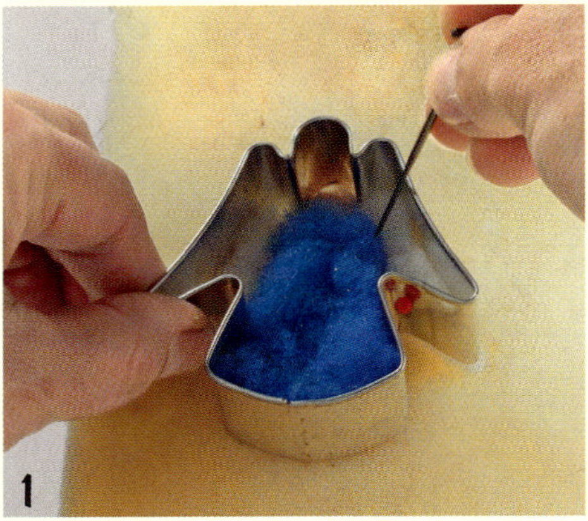
1

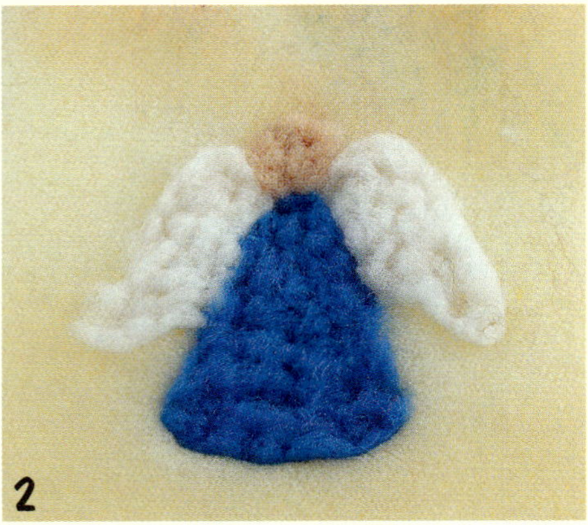
2

3

Material

- *Filzwolle (Vlies) in Blau, Weiß, Hautfarben, Rot und Gelb*
- *Lockenwolle in Gelb*
- *Engel-Backförmchen*
- *30 cm dünner Blumendraht*

1. Das Backförmchen von außen mit Stecknadeln auf dem Schaumstoff fixieren. Mit weißer Wolle die Flügel gut ausfüllen. Kopf und Oberkörper ebenfalls weiß auslegen. Hautfarbene Wolle zu einem lockeren Kügelchen formen und als Kopf auflegen. Als Kleid die blaue Wolle ca. 2 cm dick zwischen den Hände etwas reiben, damit sie sich verdichtet. Das Kleid mit 3 mm Zugabe ausschneiden und in die Form legen. Den Engel mit der mittleren oder groben Nadel verfilzen.

2. Das Förmchen abnehmen, den Engel vorsichtig von der Unterlage lösen und mit der feinen Nadel zuerst von der Rückseite, dann nochmals von vorne filzen.

3. Einige Strähnen Lockenwolle als Haare auf dem Kopf anfilzen. Für die Augen jeweils eine Nadelspitze blaue Wollfasern aufnehmen und einfilzen. Den Mund mit etwas roter Wolle einfilzen oder mit einem feinen Filzstift aufmalen. Eine gelbe Wellenborte (siehe Steps Seite 28/29) unten auf das Kleid filzen. Für die Aufhängung Blumendraht um einen Bleistift wickeln, abnehmen und die Enden von hinten in den Engel stecken.

Vorlagen

Memovorlagen auf 400 % vergrößern

Schal- und Stulpenvorlage auf 400 % vergrößern

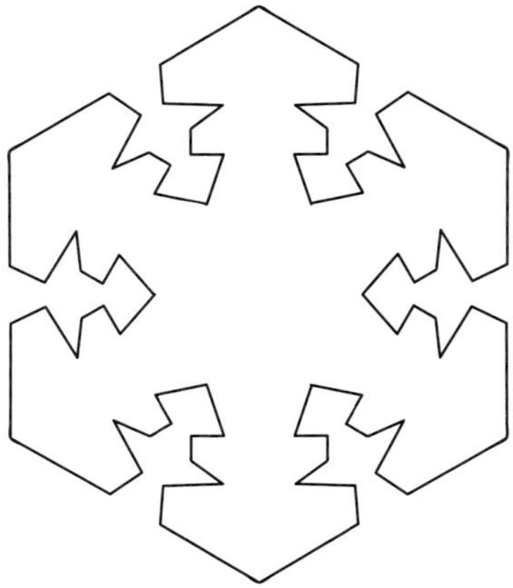

Kissenvorlagen auf 400 % vergrößern

Taschenvorlage auf 400 % vergrößern

Buchvorlage auf 200 % vergrößern

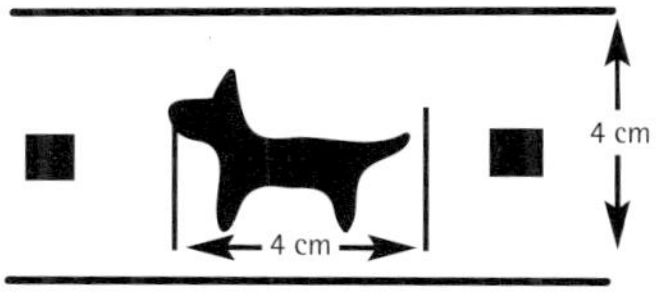

Rosenvorlagen auf 200 % vergrößern

Callablüte auf 400 % vergrößern

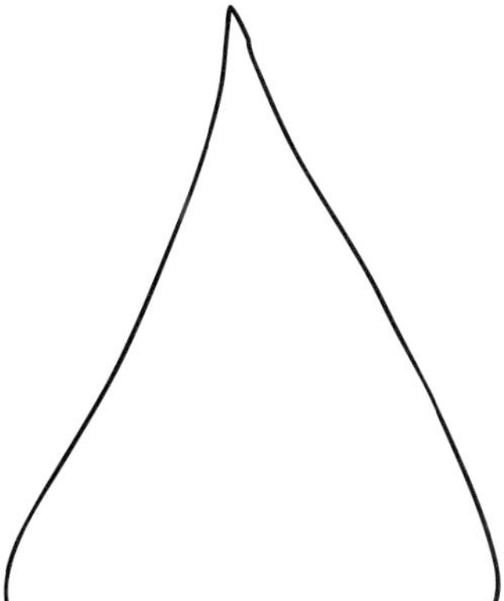

Schweinchenvorlagen auf 200 % vergrößern

Flügel Ohr

Glasbandvorlage auf 400 % vergrößern

Impressum

Entwürfe und Realisation: Corinna Kastl-Breitner
Adelheid Müller und Constanze von Wildenradt
(Seiten 3, 4 [Bild 1], 5)
Redaktion: Petra Hassler
Lektorat: de facto : Karola Kimmerle
Fotos: Oswald Visuelle Medien (Seiten 3, 4 [Bild 1], 5)
Dieter Prell, Augsburg (Seite 4 [Bild 2 + 3])
Corinna Kastl-Breitner (alle Stepfotos)
Top Life Studio, Rainer Sprenger (Seiten 25, 39)
Uzwei, Artur Müller (alle übrigen)
Styling: Henriette Foldenauer (Seite 4 [Bild 2 + 3])
Sigrid Manthey (Seiten 25, 39)
Karin Schlag (alle übrigen)
Umschlaggestaltung: Thorsten Weßel
Layout und Produktion: buchkonzept@web.de
Druck und Verarbeitung: J. P. Himmer, Augsburg

ISBN: 978-86673-012-0
Art-Nr. 2012

Autorin und Verlag haben alle Angaben und Anleitungen mit größtmöglicher Sorgfalt zusammengestellt. Dennoch kann bei Fehlern keinerlei Haftung für direkte oder indirekte Folgen übernommen werden.